渔樵问对

[宋]邵雍 著

郜彦 主编

北方妇女儿童出版社

·长春·

图书在版编目（CIP）数据

渔樵问对 /（宋）邵雍著；郜彦主编. -- 长春 ：北方妇女儿童出版社，2025．7． -- ISBN 978-7-5585-9559-2

Ⅰ.B244.31

中国国家版本馆CIP数据核字第2025T85E57号

渔樵问对

YU QIAO WEN DUI

出　版　人	师晓晖
责任编辑	庞婧媛
开　　　本	880mm×1230mm　1/32
印　　　张	4
字　　　数	50千字
版　　　次	2025年7月第1版
印　　　次	2025年7月第1次印刷
印　　　刷	三河市嵩川印刷有限公司
出　　　版	北方妇女儿童出版社
发　　　行	北方妇女儿童出版社
地　　　址	长春市福祉大路5788号
电　　　话	总编办：0431-81629600

定　　　价　　56.00元

　　《渔樵问对》是一部充满智慧和哲理的寓言式作品，被誉为千古雄文。这部著作不仅是一部对话体哲学著作，更是一部对宇宙、自然、社会、人生及道德伦理展开深邃探讨的哲思之作。

　　邵雍（1012—1077），字尧夫，"北宋五子"之一，集理学家、数学家、诗人、易学家于一身。皇祐元年（1049 年），定居洛阳，师从李之才学《河图》《洛书》与伏羲八卦，终成大家。邵雍著有《皇极经世》《渔樵问对》等。其中《皇极经世》以易理、易数为基，推演宇宙起源，深刻影响后世易学、理学与术数发展。魏了翁赞其："邵子平生之书，其心术之精微在《皇极经世》。"他通晓儒道，深研易理，毕生追求天、人合一，力求融合儒家的人本思想与道家的天道思想。

《渔樵问对》以樵夫问、渔夫答的对话形式，围绕钓鱼展开话题，从"渔樵问对""渔樵论易""渔樵观物"三大篇章，深入浅出地探讨自然、社会与人生议题。书中借天地、阴阳等概念，探究宇宙万物的生成根源与规律，构建起独特的宇宙观与自然观，强调万物相互依存、变化不息，蕴含"天人合一"的哲学智慧。作品以自然与人类的关系为脉络，揭示道德与领导力在社会演变中的核心价值，倡导正义、善良等品质。在社会层面，通过君子与小人的对比，点明道德风尚对社会治乱兴衰的关键作用，认为君子主导则社会安定，小人当道则乱象丛生，凸显道德治国理念。邵雍于此展现了他的宇宙观、自然观、社会观、人生观及伦理观，凝聚了中国古代哲学的精华，对理解社会发展与个人成长颇具启示意义。

目录

利与害

　　渔者垂钓于伊水①之上。樵者过之，弛担息肩②，坐于磐石之上，而问于渔者，曰："鱼可钩取③乎？"

　　曰："然。"

　　曰："钩非饵可乎？"

　　曰："否。"

　　曰："非钩也，饵也。鱼利食而见害，人利鱼而蒙利，其利同也，其害异也。敢问何故？"

　　渔者曰："子樵者也，与吾异治④，安得侵吾事乎？然亦可以为子试言之。彼之利，犹此之利也；彼之害，亦犹此之害也。子知其小，未知其大。鱼之利食，吾亦利乎食也；鱼之害食，吾亦害乎食也。子知鱼终日得食为利，又安知鱼终日不得食为害？如是，则食之害也重，而钩之害也轻。子知吾终日得鱼为利，又安知吾终日不得鱼不为害也？如是，则吾之害也重，鱼之害也轻。以鱼之一身，当人之一食，则鱼之害多矣；以人之一身，当鱼之一食，则人之害亦多矣。又安知钓乎大江大海，则无易地之患⑤焉？鱼利乎水，人利乎陆，水与陆异，其利一也；鱼害乎饵，人害乎财，饵与财异，其害一也。又何必分乎彼此哉！子之言，体⑥也，独不知用尔。"

注释

①伊水：河流名。

②弛担息肩：放下担子，让肩膀得到休息。

③钩取：用钩子捕捉。

④治：从事。

⑤易地之患：失足落水的危险。易地，互换所处的地方。

⑥体："体"与下文的"用"是中国古代哲学的一对重要范畴。一般认为，"体"是最根本的、内在的、本质的，"用"是"体"的外在表现、表象、变化。

渔夫在伊水旁垂钓。有一个樵夫路过，放下担子，让肩膀休息，坐在一块大石头上，他随口问渔夫："鱼可以用鱼钩钓上来吗？"

渔夫答："可以。"

樵夫说："鱼钩上没有鱼饵能钓上鱼吗？"

渔夫答："不能。"

樵夫说："原来把鱼钓上来的不是鱼钩，而是鱼饵啊。鱼为了鱼饵而受害，人因为想吃鱼而得利。两者的诉求是相同的，但是受害的地方却不同。请问这是什么原因呢？"

渔夫答："你是樵夫，你和我从事的行业不同，你又怎么能插手我的事呢？不过，我还是可以尝试为你解释一下。鱼受的利，跟人受的利其实是一样的；鱼受的害，跟人受的害其实也是一样的。你只是看到小的方面，没有看到大的方面。鱼为了食物得利，我亦为了食物得利；鱼为了食物受害，我亦为了食物受害。你只知道鱼每天得到食物是利，又怎么知道鱼每天得不到食物会受害呢？这样看来，对于鱼而言，食物的伤害重，而鱼钩的伤害轻。你只知道我每天能钓到鱼是利，又怎么知道我每天钓不到鱼不是害呢？因此，我受到的害重，鱼受到的害轻。鱼的整个身子都成为人的食物，因此，鱼受到的害大；人用整个身子去钓鱼，将整个身子都变成鱼的食物，这样看来，人受到的害也大。况且，假若在大江大河边上钓鱼，你又怎么知道没有失足落水的危险呢？鱼在水中得到利，人在陆地上得到利，水陆不同，但两者的利是相同的。鱼为鱼饵所害，人为财物所害，鱼饵与财物不同，但两者的害是相同的。既然如此，又何必分彼此呢！你说的，只是事物的本质，而不是事物的变化。"

渔樵论道

这是《渔樵问对》中的第一部分，在这一部分中，樵夫作为旁观者，对渔夫的工作提出了疑问。渔夫在解惑的同时，开始与樵夫探讨关于人与自然关系的哲理。

这段对话中包含大量对于利与害的讨论，展示了事物发展的双重性。一件事物的利害往往是同时出现的，对于鱼来说，鱼饵是利益，也是让它丧命的害处。同样，在日常生活中，我们追求的利益也会伴随着潜在的害处。因此我们要用辩证的思维看待事物，既要关注眼前的利益，又要注意到利益背后的害处，从而找到利与害中的平衡点。

樵夫认为，人和鱼想要得到的好处是相同的，但是受到的害处却有所不同。樵夫不明白其中的原因，于是去问渔夫。而每天都在钓鱼的渔夫对这个问题给出了自己的回答。两个人心中的答案不同，这是因为钓鱼是渔夫的工作。渔夫在钓鱼的过程中，积累了大量的实践经验，所以渔夫才能根据实践经验给出答案。樵夫只有一些渔夫告诉他的理论知识，所以无法将理论和实际联系起来。

只有通过实践，我们才能通过现象看本质，理解事物的本质和发展规律，从而将理论知识转化为实践。

体与用

樵者又问曰："鱼可生食乎？"

曰："烹之可也。"

曰："必吾薪济①子之鱼乎？"

曰："然。"

曰："吾知有用乎子矣。"

曰："然则子知子之薪，能济吾之鱼，不知子之薪所以能济吾之鱼也。薪之能济鱼久矣，不待子而后知。苟世未知火之能用薪，则子之薪虽积丘山②，独且奈何哉？"

樵者曰："愿闻其方③。"

曰："火生于动，水生于静。动静之相生，水火之相息。水火，用也；草木，体也。用生于利，体生于害。利害见乎情，体用隐乎性。一性一情，圣人能成。子之薪犹吾之鱼，微火则皆为腐臭朽壤，而无所用矣，又安能养人七尺之躯哉？"

樵者曰："火之功大于薪，固已知之矣。敢问善灼物，何必待薪而后传？"

渔者曰："薪，火之体也。火，薪之用也。火无体，待薪然后为体；薪无用，待火然后为用。是故凡有体之物，皆可焚之矣。"

曰："水有体乎？"

曰："然。"

曰："火能焚水乎？"

曰："火之性，能迎④而不能随⑤，故灭。水之体，能随而不能迎，故热。是故有温泉而无寒火，相息之谓也。"

曰："火之道生于用，亦有体乎？"

曰："火以用为本⑥，以体为末，故动；水以体为本，以用为末，故静。是火亦有体，水亦有用也。故能相济，又能相息。非独水火则然⑦，天下之事皆然，在乎用之何如尔！"

樵者曰："用可得闻乎？"

曰："可以意得者，物之性也；可以言传者，物之情也；可以象⑧求者，物之形也；可以数取者，物之体也。用也者，妙万物为言者也，可以意得，而不可以言传。"

曰："不可以言传，则子恶得而知之乎？"

曰："吾所以得而知之者，固不能言传。非独吾不能传之以言，圣人亦不能传之以言也。"

曰："圣人既不能传之以言，则六经⑨非言也耶？"

曰："时然后言，何言之有？"

樵者赞曰："天地之道备于人，万物之道备于身，众妙之道备于神，天下之能事毕矣，又何思何虑！吾而今而后，知事心践形之为大。不及子之门，则几至于殆⑩矣！"

乃析薪⑪烹鱼而食之，饫⑫而论《易》。

注释

①济：帮助。

②丘山：比喻大或多。

③方：道理，规律。

④迎：面对面，直接面对。

⑤随：避开面对面。

⑥本："本"与下文的"末"，组成中国古代哲学的一对范畴。"本"是指宇宙本源或本体，"末"是指天地万物。

⑦然：同"燃"。燃烧，引火点着。

⑧象：与下文的"数"组成中国古代哲学重要的思想观念。"象""数"为易学术语，"象"指事物的外在形状、模样等直观表现，"数"则侧重于其内在的数量关系和变化规律。

⑨六经：指六部儒家经典，即《诗》《书》《礼》《易》《乐》《春秋》。

⑩殆：危险。

⑪析薪：劈开薪柴。

⑫饫（yù）：吃饱，饱食。

译文

樵夫又问："鱼能生吃吗？"

渔夫答："煮熟之后就可以吃。"

樵夫问："那一定要用我的柴煮你的鱼吗？"

渔夫答："是的。"

樵夫问："我明白，我的柴对你是有用的。"

渔夫答："你知道你的柴能帮我煮鱼，却不知道为什么你的柴能帮我煮鱼。用柴煮鱼的方法早已经存在了，在你之前人们就知道。如果世人不知道火能够利用柴来燃烧，那么你的柴就是堆积得像山一样多，又有什么用呢？"

樵夫说："愿意听你说说其中的道理。"

渔夫说："火在运动中产生，水在静止中产生。动静、水火相互依存又相互克制。水火是功用，草木是本体。功用产生于有利的条件，本体产生于有害的条件。利与害在情感中显现，体与用隐藏在性质之中。一性一情，只有圣人能够理解其中的奥妙。你的薪柴就像我的鱼，如果没有火的作用，都会腐朽变质，变得毫无用处，又怎么能养育人的七尺之躯呢？"

樵夫问："火的作用大于柴，我已经知道了。那请问容易燃烧的物体，为什么一定要依靠柴才能传递火焰呢？"

渔夫答："柴是火的本体，火是柴的功用。火没有本体，要依靠柴燃烧后才能有本体；柴没有燃烧的功用，要依靠火才能发挥出功用。所以凡是有本体的物体，都可以被火燃烧。"

樵夫问："水有本体吗？"

渔夫答："有。"

樵夫问："火能焚烧水吗？"

渔夫答："火的性质是迎向物体而燃烧，而不能随着物体而燃烧，所以遇到水就会熄灭。水的性质是随着物体而流动，不能迎向物体而燃烧，所以遇到火会被加热。因此有温泉却没有寒火，这就是水火相互依存的表现。"

樵夫问："火的功能来自它的功用，它也有本体吗？"

渔夫答："火以功用为根本，以本体为次要，所以火是运动的；水以本体为根本，以功用为次要，所以水是静止的。因此，火也有本体，水也有功用，二者既能相互帮助，又能相互克制。不只是水火这样，天下的事物都是如此，关键在于如何应用它们罢了。"

樵夫问："那么如何应用呢？"

渔夫答："可以靠意会来领会的，是事物的本性；可以用语言来表达的，是事物的外在表现；可以观察的，是事物的形状；可以用数量来衡量的，是事物的多少。所谓功用，它是精妙地描述万物的，可以靠意会来领会，却不能用言语来表达清楚。"

樵夫问："不能用言语表达清楚，那你是怎么知道这些道理的呢？"

渔夫答："我知道这些道理的方式，本来就不能用言语来表达。不是我一人不能用言语来传达这些道理，即使是圣人也不能用言语来传达。"

樵夫问："圣人既然不能用言语来传达，那六经不也是用言语写成的吗？"

渔夫答："在恰当的时候才用言语来传达道理，又哪里是单纯的言语呢？"

樵夫赞叹道："天地的道理在人身上完备，万物的道理在自身具备，各种精妙的道理在精神中完备，天下的各种道理都具备了，还有什么可思虑的呢！我从今以后，明白修养心性、践行自身的形体是最为重要的。如果没有到这和你交谈，那几乎就陷入危险的境地了。"

于是，樵夫劈开柴来煮鱼吃。吃饱后，二人开始谈论《易经》。

渔樵论道

这段对话中樵夫与渔夫深入探讨了体与用、火与水、言传与意会等哲学概念，引发了樵夫对天地、万物、众妙之道的领悟。

开篇通过火与薪的关系切入，展开对体用之辩的探讨。薪作为物质基础与形态，是"体"。火发挥着燃烧、发热的功能与作用，为"用"，即功能或作用。二者相互依存、相互转化。之后渔夫对火与水的特性加以阐述。他认为，体用关系不是火与薪、火与水独有，而是广泛存在于世间万事万物之中。也就是说，任何事物都具备体与用的双重属性，二者彼此依赖、相互转化。

渔夫谈到如何理解用时，指出有些东西可以用言语、形象、数量来表述，而有些东西则只能意会而不可言传。樵夫心生疑惑，追问若是无法言传，又该如何洞悉万物奥妙？渔夫解释，言语传递的往往局限于事物表象，唯有意会，方能触及事物的本质。樵夫又提出自己的疑问：若圣人都无法用语言阐释"道"，那么六经是否也不能简单视为普通言语？渔夫强调唯有在恰当的情境下言语才具备表达真理的可能性。真正的智慧深植于内心的体验与感悟，超越了语言的束缚，是对事物内在规律与本质的深刻认知与洞察。

我与物

　　渔者与樵者游于伊水之上。渔者叹曰："熙熙^①乎万物之多，而未始有杂。吾知游乎天地之间，万物皆可以无心而致之矣。非子则孰^②与归^③焉！"

　　樵者曰："敢问无心致天地万物之方？"

　　渔者曰："无心者，无意之谓也。无意之意，不我物也。不我物，然后能物物。"

　　曰："何谓我，何谓物？"

　　曰："以我徇^④物，则我亦物也；以物徇我，则物亦我也。我物皆致，意由是明。天地亦万物也，何天地之有焉！万物亦天地也，何万物之有焉！万物亦我也，何万物之有焉！我亦万物也，何我之有焉！何物不我，何我不物！如是则可以宰天地，可以司^⑤鬼神。而况于人乎？况于物乎？"

①熙熙：热闹的样子。

②孰：谁，哪个人或哪些人。

③归：归依，归附，归向。

④徇（xùn）：顺从，服从。

⑤司：主管，掌管。

译文

渔夫和樵夫两个人在伊水边游玩。渔夫感叹说："世上万物虽然繁多，但是从未真正杂乱无序。我知道行走于天地之间，需以无心（不刻意强求、顺其自然）的状态去认识万物。如果不是你，我和谁一起谈论道呢！"

樵夫问："请问怎样才能以无心的状态去认识万物呢？"

渔夫说："无心就是没有刻意的意图。没有刻意的意图就是不将自我与万物区分开来。这样就能达到与万物相通的境界。"

樵夫问："什么是自我？什么是万物呢？"

渔夫答："让自我顺应万物，那么自我也就等同于万物；让万物顺应自我，那么万物也就等同于自我。物我相通，这样道理就简单明了。天地也是万物，哪里有什么天地之分呢！万物也是天地，哪里有什么万物之分呢！万物也是我，哪里有什么万物之分呢！我也是万物，哪里有什么我之分呢！哪个事物不是我，哪个我不是事物呢！如果能够这样，就可以主宰天地，能够号令鬼神了。连天地、鬼神都可以主宰、号令，更何况是人呢？更何况是普通的事物呢？"

渔樵论道

这段是在伊水河畔，渔夫和樵夫两个人在游玩时的对话，通过两人的对话谈论了"无心"的境界和对"我"与"物"关系的理解。

渔夫先指出万物虽然多样，但是又暗含着统一性。他认为，若想在天地间自在行走，关键在于达到无心的境界，即摒弃执着与成见，以开放包容的姿态感知世界，就可以与天地万物自然地融为一体。

樵夫问他怎样可以达到这种无心的境界。渔夫进一步解释了"我"与"物"的关系，它们没有明显的界限，是相互依存、相互渗透的关系。当人能够超越个体局限，以更宏观的视角理解和接纳万物时，就能实现我与万物和谐统一的境界。

渔夫又将话题拓展至天地、万物与"我"的关系层面。他提出天地、万物与"我"，本质上都是相互关联、相互依存、不可分割的整体。最后渔夫又说达到无心的境界，便能主宰天地、号令鬼神。这里的主宰和号令不是指控制、统治，而是指了解、理解。表达了一种更为豁达、超脱自我、超脱常规的人生态度和价值观，告诉我们要超越个人的局限去理解和接纳万事万物，方能参透万物的本质，实现精神层面的升华与超越。这种境界超越了我们的认知和想象，体现出古人对宇宙、人生奥秘的深刻洞察。

总的来说，这段对话传递出一种超越常规、一心追寻高远境界的人生态度与价值观。

名与实

樵者问渔者曰："天何依？"

曰："依乎地。"

曰："地何附？"

曰："附乎天。"

曰："然则天地何依何附？"

曰："自相依附。天依形，地附气。其形也有涯，其气也无涯①。有无之相生，形气之相息。终则有始，终始之间，其天地之所存乎？天以用为本，以体为末；地以体为本，以用为末。利用出入之谓神，名体有无之谓圣。唯神与圣，能参乎天地者也。小人则日用而不知，故有害生实丧之患也。夫名②也者，实之客也；利也者，害之主也。名生于不足，利丧于有余。害生于有余，实丧于不足。此理之常也。养身者必以利，贪夫则以身徇③利，故有害生焉。立身必以名，众人则以身徇名，故有实丧焉。窃人之财谓之盗。其始取之也，唯恐其不多也。及其败露也，唯恐其多矣。夫贿之与赃，一物也而两名者，利与害故也。窃人之美谓之徼。其始取之也，唯恐其不多也。及其败露也，唯恐其多矣。夫誉④与毁⑤，一事也而两名者，名与实故也。凡言朝者，萃名之所也；市者，聚利之地也。能不以争处乎其间，虽一日九迁⑥，一货十倍，何害生实丧之有耶？是知争也者，取利之端也；让也者，趋名之本也。利至则害生，名兴则实丧。利至名兴，而无害生实丧之患，唯有德者能之。天依地，地附天，岂相远哉！"

①涯：边际，极限。

②名：与下文中的"实"，组成中国古代的一对哲学范畴。名指名词、概念，实指实际存在的事物。

③徇：同"殉（xùn）"，即献身或丧生。

④誉：赞誉，称赞。

⑤毁：毁损，诽谤。

⑥一日九迁：形容升迁极快。迁，调动，变动。

樵夫问渔夫："天依靠什么？"

渔夫答："天依靠于地。"

樵夫问渔夫："那地依附于什么？"

渔夫答："地依附于天。"

樵夫问渔夫："那天地彼此依靠又依附吗？"

渔夫答："天地相互依附。天依托于地的形态，地依赖于天的气息。地的形态有边际，而天的气息没有界限。有和无相互生成，形态与气息相互依存。终结之后又有开始，终结和开始之间，就是天地所存在的地方吗？天以它的功用为根本，把形体当作次要的方面；地以它的本体为根本，把功用当作次要的方面。作用的表现称作'神'，形体的有无称作'圣'。只有达到了'神'与'圣'境界的人，才能够参透天地的奥秘。至于普通人，他们每天都在使用事物，却不明白其中的道理，因此有产生祸害和丧失实际的危险。名是实的外在体现，利是祸害的根本所在。名往往在自身有所欠缺的时候产生，利常常在于富足的时候丧失。祸害常在过于富足的时候滋生，实常因不足而丧失。这是世间的常理。人生活于世一定要依靠利益，那些贪婪的人却可以为了利益而舍弃生命，所以就会招来灾祸。人立身于世必须依靠名声，但人们却常常为了出名丧命，而生命才是实。偷窃别人财物的人叫作盗贼，盗贼在偷窃的时候，就怕偷得不够多。等到事情败露了，又害怕偷得太多而受到更重的责罚。'财物'和'赃物'同样是财物，因为拿到手的方式不一样，却有两个不同的名称，这是因为一个对人有利、一个对人有害。窃取他人美好品德的人被称为徼。徼在窃取的时候，就怕自己偷窃得不够多，等到事情败露了，又唯恐自己取得太多。美名和恶名其实是同样一件事，却有两个不同的称呼，这是因为有名与实的区别。一般来说，提到朝廷，大家都知道，那是汇聚名声的地方；而提到集市，大家也知道，那是汇聚利益的地方。如果能够不以争名逐利的心态置身于朝廷或闹市之中，那么，即使是一天之内多次得到升迁，或者把一件货物卖出十倍价钱，也不会有灾祸。由此可以知道，争夺是获取利益的开端，谦让是求取名声的根本。得到了利益，灾祸往往就会随之产生；名声显赫起来了，实往往就会随之丧失。得到了利益，名声显赫起来了，却没有灾祸，只有品德高尚的人才能做到这样。天依托于地，地与天相互融合，天与地又怎么会相距遥远呢？"

渔樵论道

这段对话以樵夫与渔夫的对话为载体，围绕天地、形、气、名、利、神、圣等哲学概念的内在联系，深入探讨了宇宙本质、人生价值观与道德修养。

开篇提出，天地之间虽然各有特质，却不是孤立存在的，而是相互依存、彼此渗透的，展现出宇宙万物整体关联的本质，打破了事物孤立存在的观念。渔夫提出"天依形，地附气"，将"形"定义为有形的物质世界，"气"诠释为无形的精神或能量，清晰阐释了物质与精神、有形与无形之间的思辨与理解。

文段中，渔夫对名与利进行了深入的剖析。他认为名誉声望不过是事物的外在表象，而物质利益往往潜伏着祸患。世人常常因为追逐名利而迷失本真。由此强调道德修养与人生价值的重要性，也警示我们不要过度追逐名利。在文中，作者用"朝堂"和"集市"论证自己的观点。他说只要没有争名逐利的心，就算升迁极快、得利极多，也不用害怕有灾祸降临。这说明了在利益面前，"不争"的重要性。

在精神境界层面，渔夫指出"神与圣参乎天地"的理念。"神"指作用的表现，"圣"指形体的有无，二者代表古人对超越世俗、抵达更高人生境界的追求。

这段对话中也强调了德行的重要性。渔夫认为，只有品德高尚的人才能在获得利益、名声显赫之后，没有灾祸产生和实际丧失的危险，认为高尚品德与人生智慧是领悟宇宙真谛、成就充实人生的根基。因此我们在追逐名利的过程中，只有保持内心的平和与本真，提高自身修养与道德水平，才能真正领悟宇宙和人生的终极意义，开启充实而有意义的生命旅程。

这一部分以多种哲学概念为线索，探讨了宇宙、人生等多方面的问题。讲述了古人对于万物之间联系的认识、对于道德素养的重视、对人生价值的追求。最重要的是，它提醒我们，在追逐名利的过程中，要保持平和的心态，不要一味地追求利益，还应该有更高的追求。

治与乱

渔者谓樵者曰："天下将治^①，则人必尚行也；天下将乱，则人必尚言也。尚行，则笃实^②之风行焉。尚言，则诡谲^③之风行焉。天下将治，则人必尚义也；天下将乱，则人必尚利也。尚义，则谦让之风行焉。尚利，则攘夺^④之风行焉。三王^⑤，尚行者也；五霸^⑥，尚言者也。尚行者，必入于义^⑦也；尚言者，必入于利也。义利之相去，一何如是之远耶？是知言之于口，不若行之于身。行之于身，不若尽之于心。言之于口，人得而闻之；行之于身，人得而见之；尽之于心，神得而知之。人之聪明犹不可欺，况神之聪明乎？是知无愧于口，不若无愧于身；无愧于身，不若无愧于心。无口过易，无身过难；无身过易，无心过难。既无心过，何难之有！吁！安得无心过之人，与之语心哉！"

①治：与下文的"乱"，构成古代的历史周期。治，安定。乱，动乱。

②笃实：忠厚老实。

③诡谲（guǐ jué）：狡猾。

④攘夺：掠夺，夺取。

⑤三王：指夏、商、周三代之君。具体为夏禹、商汤、周武王。

⑥五霸：是指春秋时期最强大的五个诸侯国的领袖，一般认为是齐桓公小白、晋文公重耳、秦穆公任好、宋襄公兹甫和楚庄王熊旅。还有一种说法是齐桓公小白、晋文公重耳、楚庄王熊旅、吴王阖闾、越王勾践。

⑦义：与下文"利"组成儒家伦理范畴的一个重要概念，义利之辩长达两千多年之久。义利之间的问题，即道德与利益的关系问题，是道德哲学的基本问题。

译文

渔夫对樵夫说："当天下即将迎来太平盛世之时，百姓一定会尊崇务实的行动；而当天下将陷入混乱动荡之际，人们往往会崇尚高谈阔论。当人们崇尚务实行动时，诚实敦厚的风气便会在社会上广泛盛行；如果大家都崇尚夸夸其谈，那么诡诈不实的风气就会肆意蔓延。当天下即将迎来太平盛世之时，民众必然会崇尚仁义；而当天下快要出现叛乱的迹象时，人们就会一心追逐利益。崇尚仁义，谦逊恭和的风气便会蔚然成风；一心追逐利益，争权夺利的风气就会流行。在三王统治的时代，百姓都以积极行动为风尚；到了五霸称雄的时代，人们更倾向于言辞辩论。崇尚行动的必然会重视仁义之道，崇尚言论的必然会关注利益所得。仁义与利益相比，其间的差距是多么巨大呀！所以，从口中说出的话语，比不上亲身付诸实践；亲身付诸实践，又比不上将其完全落实到内心深处。话语从口中说出，别人能够听得到；行动通过身体表现出来，别人能够看得到；而用心去尽职尽责，神明能够知晓。普通人的聪慧都不足以被欺骗，更何况是神明的智慧呢？因此，在言语上做到没有愧疚，比不上在行动上做到没有愧疚；在行动上做到没有愧疚，又比不上在内心深处做到没有愧疚。在行动上做到无愧比在言语上做到无愧更难；在内心深处做到无愧又比在行动上做到无愧更难。如果一个人的内心毫无过错，那么还会有什么灾难降临呢！唉！到哪里才能找到那种内心毫无过错的人，和他坦诚相交、畅快地交谈呢！"

渔樵论道

这一部分深入探讨了言行、义利，以及个人品德与社会动乱之间的内在关联，集中阐述了中国古代哲学中道德、行为与社会治理之间的关系。

渔夫阐述了行与言的本质差异，强调言语表达不如实际行动能体现一个人的真实品德。他认为，社会的动乱与民众的言行紧密相连。太平盛世时，人们注重行为实践，仁义之风盛行，形成淳朴敦厚的社会氛围；而在社会动荡之时，空谈夸饰之风蔓延，导致诡诈虚伪的不良风气泛滥。这揭示了社会对人们言行的巨大影响。

渔夫还剖析了义与利两种价值取向的对立。崇尚道义者秉持公平谦让的准则，行事符合正道，更加公平；而追逐利益的人则陷入竞争私利的漩涡。这种对比不仅凸显出义利之间的本质区别，更点明了其对个人行为选择的深远影响。

在道德修养层面，渔夫提出了无愧于心的核心主张。他认为如果言行仅仅停留在表面，缺乏内心真诚，则显得虚假，只有发自内心的真诚坚守，才是真正品德

的体现。同时，他认为人的聪慧难以欺瞒神明，警示人

们要直面自己的内心，不要欺骗自己。

观物

渔者谓樵者曰："子知观天地万物之道乎？"

樵者曰："未也。愿闻其方。"

渔者曰："夫所以谓之观物者，非以目观之也；非观之以目，而观之以心也；非观之以心，而观之以理也。天下之物，莫不有理焉，莫不有性焉，莫不有命焉。所以谓之理者，穷①之而后可知也；所以谓之性者，尽之而后可知也；所以谓之命者，至之而后可知也。此三知者，天下之真知也，虽圣人无以过之也。而过之者，非所以谓之圣人也。夫鉴②之所以能为明者，谓其能不隐③万物之形也；虽然鉴之能不隐万物之形，未若水之能一万物之形；虽然水之能一万物之形，又未若圣人之能一万物情也。圣人之所以能一万物之情者，谓其圣人之能反观也。所以谓之反观者，不以我观物也。不以我观物者，以物观物之谓也。既能以物观物，又安有我于其间哉？是知我亦人也，人亦我也，我与人皆物也。此所以能用天下之目为己之目，其目无所不观矣；用天下之耳为己之耳，其耳无所不听矣；用天下之口为己之口，其口无所不言矣；用天下之心为己之心，其心无所不谋矣。夫天下之观，其于见也，不亦广乎！天下之听，其于闻也，不亦远乎！天下之言，其于论也，不亦高乎！天下之谋，其于乐也，不亦大乎！夫其见至广，其闻至远，其论至高，其乐至大，能为至广、至远、至高、至大之事，而中无一为焉，岂不谓至神至圣者乎？非唯吾谓之至神至圣者乎，而天下谓之至神至圣者乎？非唯一时之天下谓之至神至圣者乎，而千万世之天下谓之至神至圣者乎？过此以往，未之或知也已。"

注释

①穷：寻根究源，推究到极点。

②鉴：镜子。

③隐：藏匿，不显露。

渔夫对樵夫说："你知道观察天地万物的道理吗？"

樵夫回答："不知道。但愿意听你讲讲。"

渔夫说："所谓观察万物，并不是单纯用眼睛去看；不是用眼睛去看，而是要用心去领会；不是仅仅用心去领会，而是要用事物的理去剖析。天下的万事万物，没有不蕴含理的，没有不具备独特本性的，没有不遵循其既定命运的。所谓事物的规律，通过深入研究后才能知晓；所谓事物的本性，研究透彻后可以理解；所谓事物的命运，在亲自体验后才能领悟。这三种认知，才是天下真正的智慧，即便是圣人也无法超过。若超出这三种认知，也就不只是圣人了。镜子之所以能够清晰地映照万物，是因为它不能够隐藏万物的形状。然而，即使镜子能如实呈现万物的形状，却比不上水能变化成万物的形态；即使水能够变化成万物的形态，却又比不上圣人能够把万物的实情统一起来。圣人之所以能够统合万物的实情，是因为圣人能够反观内心。什么是反观，就是不站在自我的角度去观察事物。不站在自我的角度去观察事物，而是从事物本身的角度去观察。既然是从事物本身的角度去观察，那么在观察的过程中，又怎么会有自我的存在呢？由此可知，我和他人本质无异，他人和我也并无不同，我与他人都是万物的一部分。这样一来，若能用天下人的眼睛作为自己的眼睛，那就没有什么看不见的；用天下人的耳朵作为自己的耳朵，那就没有什么听不到的；用天下人的嘴巴作为自己的嘴巴，那就没有什么不能言说的；用天下人的心作为自己的心，那就没有什么不能谋划的。像这样去观察天下，所看到的是多么广阔无垠哪！即便远到天涯海角，所听到的是多么悠远深长啊！谈论天下之事，所发表的言论是多么高深精妙哇！谋划天下事务，所获得的乐趣，是多么宏大呀！所看的广阔，所听的悠远，所论的高深，所谋划的宏大，能够做到极其广博、极其深远、极其高深、极其宏大，而且其中无一不明，这难道不能称为至神至圣吗？不只是我将其称为至神至圣，全天下的人都将其称为至神至圣。不只是当下的天下人将其称为至神至圣，千秋万代的人都会把它称为至神至圣。超过这个范围，也是这样的。"

渔樵论道

这段文字深入探讨了观察天地万物的方法和道理，着重强调了以心观物、以理剖析事物的重要意义，以及圣人的崇高境界。

渔夫认为，观察事物不能仅依赖眼睛的直观感受，更需用心去感悟、以理去探究。这表明观察并非流于表面，而是一个深入思索、领悟的过程。这种观察方式凸显了内在智慧与理性的价值，警示我们在理解世界时，要透过现象探寻本质。

渔夫还阐述了"理""性""命"三个概念。在中国哲学里，这些概念用于解释宇宙万物的存在依据和运行规律。只有透彻研究"理""性""命"，才能获得对世界的深刻认知，掌握真正的智慧。这体现了中国哲学中"格物致知"的思想，通过探究事物获取知识、认识世界。

圣人之所以能够统合万物的实情，是因为圣人能够反观内心、反观万物。这种反观不是以自我为中心，而是从事物本身的角度去观察万物。这体现了一种摒弃主观偏见的观察态度，是领悟事物本质的关键所在。达到这种境界，就能够消除自我与他人的界限，最终实现与天地万物的合一。

人与天

樵者问渔者曰："子以何道而得鱼？"

曰："吾以六物具①而得鱼。"

曰："六物具也，岂由天乎？"

曰："具六物而得鱼者，人也。具六物而所以得鱼者，非人也。"

樵者未达②，请问其方。

渔者曰："六物者，竿也，纶③也，浮也，沉也，钩也，饵也。一不具，则鱼不可得。然而六物具而不得鱼者，非人也。六物具而不得鱼者有焉，未有六物不具而得鱼者也。是知具六物者，人也。得鱼与不得鱼，天也。六物不具而不得鱼者，非天也，人也。"

樵者曰："人有祷④鬼神而求福者，福可祷而求耶？求之而可得耶？敢问其所以。"

曰："语善恶者，人也。福祸者，天也。天道福善而祸淫⑤，鬼神岂能违天乎？自作之咎⑥，固难逃已；天降之灾，禳⑦之奚益？修德积善，君子常分⑧。安有余事于其间哉！"

樵者曰："有为善而遇祸，有为恶而获福者，何也？"

渔者曰："有幸与不幸也。幸不幸，命也；当不当，分也。一命一分，人其逃乎？"

曰："何谓分？何谓命？"

曰："小人之遇福，非分也，有命也；当祸，分也，非命也。君子之遇祸，非分也，有命也；当福，分也，非命也。"

注释

①具：完备，具备。

②达：明白，理解。

③纶：钓鱼用的线。

④祷：祈祷，向天、神求助、求福。

⑤淫：邪恶，奸邪。

⑥咎：过失，罪过。

⑦禳（ráng）：去除，解除。

⑧分（fèn）：本分。

译文

樵夫问渔夫："你是怎样钓到鱼的？"

渔夫答："我用六种工具钓到鱼。"

樵夫问："六种工具都具备了，剩下的事情，难道交给上天决定吗？"

渔夫答："有六种工具能钓到鱼，这是人力所为。六种工具都具备，能不能钓到鱼，这就不是人力所能控制的了。"

樵夫不太明白，便询问其中的道理。

渔夫说："这六种工具分别是鱼竿、鱼线、鱼漂、鱼坠、鱼钩和鱼饵。缺少其中任何一样，都无法钓到鱼。然而，即便六种工具全都齐备，有时仍然钓不到鱼，这就不是人的问题了。存在六种工具齐全却钓不到鱼的情况，但绝不存在六种工具不全却能钓到鱼的情况。所以，备齐六种工具，靠的是人力；而能否钓到鱼，则要看天意了。如果六种工具不全而钓不到鱼，这并不是天意，而是人力不足。"

樵夫问："人们向鬼神祈祷以祈求福祉，福祉真的可以通过祈祷得到吗？祈求了就一定会如愿以偿吗？请您讲讲其中的道理。"

渔夫答："谈论善恶的，是人自身；而降临福运或者灾祸，是上天的安排。上天的规律是降福于善良之人，降灾于作恶之人，鬼神又怎能违背？自己做下的坏事，又怎能逃避惩罚；上天降下的灾祸，祈祷又有什么用呢？修养品德、积累善行，这是君子应做的本分。在这其中哪有多余的事？"

樵夫问："为什么有的行善的人会遭遇灾祸，而有的作恶的人却能获得福报呢？"

渔夫答："这是因为存在幸运与不幸的差别。幸运与不幸，是命中注定的；遇到还是没遇到，是人应得的结果。命运与缘分，人又如何能逃避呢？"

樵夫问："什么是分？什么是命？"

渔夫答："小人得到福报，不是他本应得到的，而是他命中偶然得到的；小人遭遇灾祸，却是他本应得到的，而非他的命运使然。君子遭遇灾祸，并不是他本应得到的，而是他有这样的命运；君子应当得到福报，这是他本应得到的，而非偶然得到的。"

渔樵论道

这段对话围绕人与天、命、分、善恶以及命运的关系展开，展现了中国古代哲学对这些命题的深邃思考。

渔夫以垂钓为例，指出了人在追求目标时（如钓鱼），需要依赖渔具（竿、鱼饵等）。这体现了人类实践活动的能动性和对客观条件的依赖。然而，即便万事俱备，结果仍然受制于不可预知的外部因素（天命）。这一论述揭示出：我们在追求目标时，既要充分发挥主观能动性、做好条件准备，也要顺应自然规律与命运的力量，认识到自身能力的边界。

在命运与福祸认知层面，渔夫明确指出，善恶源于人的自主抉择，而福祸归属则由天意决定。他还强调道德行为对于人生的深远影响，同时倡导"修德积善"的君子之道，体现出儒家思想中道德修养和言行的重要性。

樵夫提出了关于善恶与福祸不匹配的困惑，即为什么有些人做善事却遭遇不幸，而有些人做恶事却获得福报。渔夫用"命"与"分"的概念加以阐释。"命"指命中偶然的结果，"分"则是人的行为导致应得到的结果。

他认为，小人得福是侥幸获得的，而非他应得的；君子遇祸是命中偶然的结果，而非他应得的。这一解读既承认了命运的无常，也暗示人应当做好自己的本分、顺应天命，在有限的认知范围内尽人事、听天命。

对话中还渗透着中国古代哲学"天人合一"的核心理念，强调人与自然、社会与自我的和谐共生，深刻反映了古人对多重关系的思考。

义与利

渔者谓樵者曰："人之所谓亲，莫如父子也；人之所谓疏，莫如路人也。利害在心，则父子过路人远矣。父子之道，天性也。利害犹或夺之，况非天性者乎？夫利害之移人，如是之深也，可不慎乎？路人之相逢则过之，固无相害之心焉，无利害在前故也。有利害在前，则路人与父子又奚择焉？路人之能相交以义，又何况父子之亲乎？夫义者，让之本也；利者，争之端①也。让则有仁，争则有害。仁与害，何相去之远也！尧、舜②亦人也，桀、纣③亦人也，人与人同，而仁与害异尔。仁因义而起，害因利而生。利不以义，则臣弑④其君者有焉，子弑其父者有焉。岂若路人之相逢，一目而交袂⑤于中逵⑥者哉！"

①端：源头，开端。

②尧、舜：都是上古的贤明君主。尧，姓伊祁，号放勋。尧为帝喾（kù）之子，母为陈锋氏。后来禅让于舜。舜，姚姓，妫（guī）氏，名重华，字都君。后来禅让于禹。

③桀、纣：都是暴君。桀，夏朝最后一个国王，名履癸，是中国历史上有名的暴虐、荒淫的国君之一。纣，中国商代最后一位君主，中国历史上有名的暴君。名纣，或作受，又称辛、受辛、商辛、商纣、商王纣、商王帝辛。周武王伐商，牧野之战时，商军倒戈，他登鹿台自焚而死，商灭亡。

④弑：古时称子杀父、臣杀君为"弑"。

⑤袂（mèi）：衣袖。

⑥中逵（kuí）：指道路交错之处；九通路口。亦指大路，还有中途的意思。逵，四通八达的道路。

　　渔夫对樵夫说:"人们所说的亲情,没有比父子之情更为深厚的了;说到疏远,没有比路人之间更为明显的了。如果心中存在利益与损害关系的考量,那么父子之间的关系也会变得像路人一样疏远。父子之间的亲情,是出于天性。然而,有时利益关系甚至能剥夺这种天性,更何况那些本就不存在天性的关系呢?利害关系对人的影响这样深刻,实在不能不谨慎对待!路人相遇,一过而已,并没有相互伤害的心思,这是因为他们之间不存在利益与危害的关系。但要是存在利益与危害的关系,那么路人之间、父子之间又该如何抉择呢?如果路人之间能够以道义相交,更何况是父子之间的亲情呢!所谓的'义',是谦让的根本所在;而'利'则是引发争夺的源头。秉持谦让便会带来仁义,陷入争夺就会带来危害。仁义与危害的差距实在是太大了。尧和舜是人,桀和纣也是人,人与人本是相同的,然而他们在仁义和危害方面却有着天壤之别。仁慈的行为源于道义,而危害的产生则是因为利益。如果不顾道义去争夺利益,那么

就会出现臣子杀害君主、儿子杀害父亲这样违背人伦的
事情。这样的君臣、父子，哪里比得上彼此以礼相待的
路人呢！"

渔樵论道

这段对话中，渔夫以生动的比喻和深刻的伦理观，向樵夫阐释了坚守道义的重要性。

渔夫从人际关系的亲疏远近切入，以父子和路人对比，揭示利害关系对人性的深刻影响。父子间的天然亲情本是最亲密的关系，然而一旦被利害关系所左右，这种亲情关系甚至可能比路人之间的关系更为疏离。这种现象体现出人性在利益诱惑下的脆弱，表现出人们在面临个人利益与情感、道德抉择时的矛盾与挣扎。

在义利关系的论述上，渔夫将"义"与"利"置于对立的天平两端，强调义是谦让和仁爱的根本，而利则是争夺和伤害的源头。当人们一味追逐利益而抛弃道义时，社会将会陷入争斗和伤害的泥沼。这种观点不仅彰显了对道德行为的推崇，更表达了对唯利是图行径的批判。

为进一步说明道德选择的决定性作用，渔夫以尧、舜与桀、纣为例，指出尽管同为人类，却因为面对利害时的不同抉择，而造就了截然不同的历史评价。尧、舜践行仁义，成为贤明君主；而桀、纣残暴不仁，沦为无道暴君。这种对比强调个人在利害关头的选择，不仅塑造了自身的道德品质，更深刻影响着社会的治乱兴衰，警示人们警惕利益对自身品德的侵蚀。

最后，渔夫以路人相遇相互礼让的日常场景为例，号召人们在生活中践行"义"的准则，以相互尊重与理解为先，摒弃对个人利益的过度追逐，才能以仁德与正义推动社会的稳定与发展。

力分

樵者谓渔者曰：“吾尝负①薪矣，举百斤而无伤吾之身，加十斤则遂伤吾之身。敢问何故？”

渔者曰：“樵则吾不知之矣。以吾之事观之，则易地皆然。吾尝钓而得大鱼，与吾交战。欲弃之，则不能舍；欲取之，则未能胜。终日而后获，几有没溺②之患矣。非直有身伤之患耶！鱼与薪则异也，其贪而为伤则一也。百斤力，分之内者也；十斤力，分之外者也。力分之外，虽一毫犹且为害，而况十斤乎！吾之贪鱼，亦何以异子之贪薪乎！”

樵者叹曰：“吾而今而后，知量力而动者，智矣哉！”

注释

①负：驮，背。

57

②没溺（mò nì）：沉没。

樵夫对渔夫说："我曾经背柴，能背起百斤的柴而不伤身体，但如果再加上十斤，就会伤到我的身体，请问这是为什么呢？"

渔夫答："对于扛柴的事我不了解。但从我钓鱼的经历来看，换作其他情况道理也是一样的。我曾经钓到一条大鱼，（鱼挣扎时）就如同和我交战一样。我想放弃它，却又舍不得；想要抓住它，却又无法战胜它。经过很长时间才能钓上来，差点就有溺死的危险了。这不也和有身体受伤的隐患是一样的吗！钓鱼和扛柴虽然不一样，但因为贪婪而受伤的道理是一样的。一百斤的重量，是在你的能力范围内的；超过的十斤重量，则超出了你的能力范围。超出能力范围，即使只是一点点，也会带来危害，更何况是十斤呢！我贪心想要那条大鱼，和你贪心想要多背十斤柴又有什么不同呢！"

樵夫感叹道："从今以后，我知道做事量力而行，才是明智的啊。"

渔樵论道

这段樵夫与渔夫的对话，以背柴、钓鱼为引，深入探讨了量力而行与克制贪欲的重要性，蕴含着对生存智慧与处世哲学的深刻思考。

樵夫以自己背柴为例，提出了自己的困惑：背百斤柴仍能承受，增加十斤却伤及身体。这一疑问看似源于体力的极限，实则指向"量力而行"这一核心命题——任何行为一旦超越自身能力范围，必然会带来负面后果。

渔夫用自己曾经钓鱼的例子做出回应。他曾经钓到一条大鱼，因为贪念作祟既不愿意舍弃，又难以制服，最终陷入险些溺亡的险境。这一经历与樵夫的遭遇形成呼应，证明量力而行是人类行为的生存智慧。警示我们无论是体力劳动还是追逐利益，都要认清自身能力边界、克制过度的欲望，从而保护自我、避免伤害。

渔夫"易地皆然"的论断，将具体的事例升华为普适性的哲理，表明背柴、钓鱼的道理适用于生活中的各类挑战与机遇。无论是职场竞争、财富积累，还是情感追求，如果不懂得量力而行、克制贪欲，都可能陷入困境。这启示我们要时刻保持清醒，理性权衡行为与能力、欲望的利弊关系，避免因为冲动贪欲而陷入危机。

易理

樵者谓渔者曰:"子可谓知《易》之道矣。吾敢问'《易》有太极',太极,何物也?"

曰:"无为之本也。"

曰:"'太极生两仪',两仪,天地之谓乎?"

曰:"两仪,天地之祖也,非止为天地而已也。太极分而为二,先得一为一,后得一为二。一二谓两仪。"

曰:"'两仪生四象',四象,何物也?"

曰:"大象谓'阴阳刚柔'。有阴阳,然后可以生天;有刚柔,然后可以生地。立功之本,于斯为极。"

曰:"'四象生八卦',八卦,何谓也?"

曰:"谓乾、坤、离、坎、兑、艮、震、巽之谓也。迭相①盛衰,终始于其间矣。因而重之,则六十四由是而生也,而《易》之道始备矣。"

樵者问渔者曰:"复何以见天地之心乎?"

曰："先阳已尽，后阳始生，则天地始生之际，中则当日月始周之际，末则当星辰始终之际。万物死生，寒暑代谢，昼夜迁变②，非此无以见之。当天地穷极之所必变，变则通，通则久。故《象》言'先王以至日闭关，商旅不行，后不省方'，顺天故也。"

樵者谓渔者曰："'无妄，灾也'。敢问其故？"

曰："妄，则欺也。得之必有祸，斯有妄也。顺天而动，有祸及者，非祸也，灾也。犹农有思丰而不勤稼穑③者，其荒也，不亦祸乎？农有勤稼穑而复败诸水旱者，其荒也，不亦灾乎？故《象》言'先王以茂对时，育万物'，贵不妄也。"

樵者问曰："姤④，何也？"

曰："姤，遇也。柔遇刚也，与夬⑤正反。夬始逼壮，姤始遇壮，阴始遇阳，故称姤焉。观其姤，天地之心亦可见矣。圣人以德化，及此罔⑥有不昌。故《象》言'后以施命诰四方'，'履霜'之慎，其在此也。"

渔者谓樵者曰："春为阳始，夏为阳极；秋为阴始，冬为阴极。阳始则温，阳极则热；阴始则凉，阴极则寒。温则生物，热则长物，凉则收物，寒则杀物。皆一气其别而为四焉，其生万物也亦然。"

注释

①迭相：相继，轮番。

②迁变：事物的变化转移。

③稼穑（jià sè）：春耕为稼，秋收为穑，即种植与收割，后来泛指农业劳动。

④姤（gòu）：相遇，六十四卦之一。

⑤夬（guài）：六十四卦之一。乾下兑上。象决断之义。

⑥罔：无，没有。

译文

樵夫对渔夫说："您可以说是懂得《易经》的道理了。我想请问'《易经》里有太极'，'太极'是什么东西呢？"

渔夫答："太极是无为的根本。"

樵夫问："'太极生两仪'，两仪说的是天地吗？"

渔夫答："两仪是天地的根源，并不只是指天地而已。太极分化为二，先形成的那个为一，后形成的那个为二，一和二合称为两仪。"

樵夫问:"'两仪生四象',四象是什么呢?"

渔夫答:"大象指的是'阴阳刚柔'。有了阴阳,然后才可以生成天;有了刚柔,然后才可以生成地。万事万物的根本,就在于此。"

樵夫问:"'四象生八卦',八卦是什么呢?"

渔夫答:"八卦就是乾、坤、离、坎、兑、艮、震、巽。它们交替兴盛和衰落,在这当中循环往复。八卦两两相重叠,就产生了六十四卦,至此《易》学的道理就完备了。"

樵夫又问渔夫:"怎样才能从中体悟到天地的本性呢?"

渔夫答:"先前的阳气已经耗尽,后来的阳气开始生发,这就是天地开始孕育生机的时候,中期就相当于日月开始循环的时候,末期就相当于星辰始终运转的时候。万物的生死、寒暑的交替、昼夜的变化,没有这些看不出天地的本性。当天地运行到极限时必然会发生变化,变化就能通达,通达便能长久。所以《象辞》说:'先王在冬至这一天闭关,商人和旅客都不外出远行,诸侯也不巡视四方',这是顺应天道的缘故。"

樵夫问："《易经》中说：'无妄（卦名），灾也'，这是什么缘故呢？"

渔夫答："妄的含义是欺诈，陷入欺诈的状态必然会招来灾祸，所以称为'妄'。顺应上天的旨意去做事，却仍然遭受祸事，这种情况不叫'祸'而叫'灾'。就好比农民渴望丰收，却不悉心照料庄稼，最终田地荒芜，这难道不是灾祸吗？农民勤劳耕种却遭遇水患、旱灾，最终田地荒芜，这不也是灾害吗？所以《易经》中的象辞说：'先王顺应天时，来培育万物'，关键就在于不违背自然规律。"

樵夫问："姤卦是什么意思啊？"

渔夫答："姤卦的意思是相遇。是阴柔与阳刚相遇，与夬卦的情况相反。夬卦象征着开始逼近强盛，姤卦则是柔弱与强壮相遇，是阴气与阳气相遇，所以称之为姤。通过观察姤卦，天地的本性就可以从中看出来。圣人用道德教化众人，到了这个地步，没有不昌盛的。所以《易经》中的姤卦说：'在姤卦所代表的情境下向天下发布政令，就如同走在霜雪之上，必须小心谨慎'，小心的原因就在于此。"

渔夫接着说：“春天是阳气开始生发的时候，夏天是阳气达到极致的时候；秋天是阴气开始萌生的时候，冬天是阴气达到极致的时候。阳气开始生发，天气就会温暖，阳气达到极致，天气就会炎热；阴气开始萌生，天气就会凉爽，阴气达到极致，天气就会寒冷。温暖促使万物生长，炎热使万物茁壮成长；凉爽让万物收获，寒冷使万物凋零。这都是同一种气的四种不同表现形式，气孕育万物的道理也是如此。”

渔樵论道

这段对话，以《易经》的概念为线索，深入探讨了宇宙生成、自然规律以及人类行为之间的内在联系，蕴含着丰富的哲学智慧。

对话开始于樵夫对《易经》中"太极""两仪""四象""八卦"等哲学基本概念的疑问。渔夫详细阐释了这些概念，指出它们代表天地万物起源与演变，体现了宇宙间阴阳对立统一的哲学思想。

同时，渔夫谈及"天地始生之际"与"天地之心"，隐喻天地间存在一种根源性的规律与力量。他强调圣人应以道德之力引领世人顺应天道，从而达成社会的繁荣安定。这一理念充分体现了《易经》中天人合一的思想及道德伦理的观念，突显了人与自然、社会的和谐共生关系。

渔夫通过对四季变化的阐释，将春、夏、秋、冬与阴阳二气的消长对应，揭示了阴阳变化是万物生灭的内在动力。这种对自然规律的总结，体现了《易经》"天人合一"的哲学观，即人类社会与自然界遵循相通的法则，告诉人们只有顺应自然节奏，才能实现和谐发展。

在探讨"妄"时，渔夫强调"妄"即欺骗，指出违背天道行事会招致祸患，而顺应天意却遭遇不幸则为灾。因此，人们要顺应自然规律，坚守道德良知，避免做出违背天理的行为。

而对"姤"概念的阐释，则进一步揭示了宇宙间阴阳相遇、相互作用的哲学思想。阴柔与阳刚的相遇，不仅是万物生成变化的体现，也启示人们应通过和谐相处实现共同发展。

人与万物

樵者问渔者曰："人之所以能灵于万物者，何以知其然耶？"

渔者对曰："人之所以能灵于万物者，谓其目能收万物之色，耳能收万物之声，鼻能收万物之气，口能收万物之味。声色气味者，万物之体也。目耳口鼻者，万人之用也。体无定用，惟变是用；用无定体，惟化是体。体用交而人物之道于是乎备矣。然则人亦物也，圣人亦人也。有一物之物，有十物之物，有百物之物，有千物之物，有万物之物，有亿物之物，有兆①物之物，生一一之物，当兆物之物者，岂非人乎？有一人之人，有十人之人，有百人之人，有千人之人，有万人之人，有亿人之人，有兆人之人。生一一之人，当兆人之人者，岂非圣乎？是知人也者，物之至者也；圣也者，人之至者也。物之至者，始得谓之物之物也；人之至者，始得谓之人之人也。夫物之至者，至物之谓也；而人之至者，至人之谓也。以一至物而当一至人，则非圣人而何？人谓之不圣，则吾不信也。何哉？谓其能以一心观万心，一身观万身，一物观万物，一世观万世者焉；又谓其能以心代天意，口代天言，手代天工，身代天事者焉。又谓其能以上识天时，下尽地理，中尽物情，通照人事者焉。又谓其能以弥纶②天地，出入造化，进退今古，表里人物者焉。噫！圣人者，非世世而效圣焉。吾不得而目见之也。虽然吾不得而目见之，察其心，观其迹，探其体，潜其用，虽亿万年亦可以理知之也。人或告我曰：‘天地之外，别有天地万物，异乎此天地万物。’则吾不得而知已。非唯吾不得而知之也，圣人亦不得而不知之也。凡言知者，谓其心得而知之也。言言者，谓其口得而言之也。既心尚不得而知之，口又恶得而言之乎？以心不可得知而知之，是谓妄知也。以口不可得言而言之，是谓妄言也。吾又安能从妄人而行妄知、妄言者乎？”

渔者谓樵者曰："仲尼③有言曰：'殷因于夏礼，所损益可知也；周因于殷礼，所损益可知也。其或继周者，虽百世可知也。'夫如是，则何止千百世而已哉！亿千万世，皆可得而知之也。人皆知仲尼之为仲尼，不知仲尼之所以为仲尼。不欲知仲尼之所以为仲尼则已，如其必欲知仲尼之所以为仲尼，则舍天地将奚之焉？人皆知天地之为天地，不知天地之所以为天地。不欲知天地之所以为天地则已，如其必欲知天地之所以为天地，则舍动静将奚之焉？夫一动一静者，天地至妙者欤？夫一动一静之间者，天地人至妙至妙者欤？是知仲尼之所以能尽三才之道者，谓其行无辙迹也。故有言曰：'予欲无言。'又曰：'天何言哉？四时行焉，百物生焉。'其此之谓与？"

注释

①兆：数名，古代指万亿。

②弥纶：综括，贯通。

③仲尼：即孔子。名丘，字仲尼，鲁国昌平陬邑（今山东曲阜）人。中国春秋末期的思想家、教育家、政治家。与弟子周游列国十四年，晚年修订六经，即《诗》《书》《礼》《乐》《易》《春秋》。《论语》是儒家学派的经典著作之一，由孔子弟子及其再传弟子编撰而成，记

录了孔子及其弟子的言行语录和思想。

译文

樵夫问渔夫："人因为什么比万物更具有灵性呢？"

渔夫回答："人之所以比万物更具灵性，是因为人的眼睛能够接收万物的色彩，耳朵能够收听万物的声音，鼻子能够嗅到万物的气味，嘴巴能够品尝万物的味道。声音、色彩、气味、味道，这是万物的本质特征。眼睛、耳朵、嘴、鼻子，大家都用。事物的本质没有固定的对应功能，唯有顺应变化才是作用；作用也没有固定的对应本质，唯有变化才是本质。当本质与功能相互交融，人与万物的道理也就完整了。然而，人也是万物中的一员，圣人也是人。世间有单一的事物，也有由十件、百件、千件、万件、亿件乃至兆件事物组成的集合。一件事物抵得上兆件事物的，除了人还能有谁？人群中，有普通的一个人，也有能代表十人、百人、千人、万人、亿人乃至兆人的存在。能以一人之身抵得上兆人的，不是圣人又是什么？由此可见，人是万物中最卓越的存在，而圣人则是人类中的极致者。只有最卓越的事物，才能称得上物中至物；人类中最卓越的，才能被称为人上之人。所以说物的极致是至物，人的极致是至人。用最卓越的物对应最卓越的人，这样的人不是圣人又是什么呢？如果有人认为这样的人不是圣人，我是不会相信的。为什么呢？因为圣人能够以一颗心去洞察千万人的心思，用自身去体察千万人的处境，用一件事物去推知千万种事物，用一个世代去了解千万个世代。还能够用心去代行天意，用口去代说天言，用手去代行天工，用自身去代行天事。又能够上知天文气象，下通地理形势，中晓万物情理，透彻明了人间世事。还能够综括天地万物，参透自然造化，纵览古今变迁，洞悉人与事物的本质。唉！圣人并非每个世代都会出现，我们无法亲眼见到。尽管我们无法亲眼见到圣人，但我们可以通过探究他们的思想、考察他们的事迹、剖析他们的本质、研究他们的作为，即便经过亿万年，也能依据规律推测他们的智慧和思想。有的人告诉我说：'天地之外，还存在着另外的天地万物，和这里的天地万物不一样。'对于这种说法，我是无法知晓其真实性的。不仅是我无法知晓，圣人也无法知晓。凡是说'知'的，是指内心有所领悟从而知晓。凡是说'言'的，是指通过口头表达来传达思想。如果内心都无法知晓，口中又怎么能说出来呢？用不能领悟的心求知，这叫作虚妄的认知。把不可能说清楚的话加以言说，这叫作虚妄的言论。我又怎么能跟随那些虚妄的人，去践行虚妄的认知、虚妄的言论呢？"

渔夫对樵夫说："孔子有这样的言论：'商朝沿袭夏朝的礼制，其中所减少和增加的内容是可以知道的；周朝沿袭殷朝的礼制，其中所减少和增加的内容也是可以知道的。那么继承周朝的朝代，即使历经百世，它的礼制变化也是可以知道的。'像这样的话，又哪里仅仅是千百世的事情呢！即使历经亿千万世，也是可以知晓的。人们都知道孔子是孔子，但不知道孔子之所以成为孔子的原因。不想了解孔子之所以成为孔子的缘由也就罢了，如果一定要知道孔子之所以成为孔子的原因，那么除了天地又能从哪里探寻呢？人们都知道天地是天地，但不知道天地之所以成为天地的原因。不想了解天地之所以成为天地的缘由也就罢了，如果一定要知道天地之所以成为天地的原因，那么除了观察天地的动静变化又能从哪里探寻呢？这一动一静的变化，大概就是天地最为玄妙的地方吧？这天、地、人的一动一静，大概就是天地之间最为精妙深奥的所在吧？由此可知，孔子之所以能够穷尽天、地、人三才的道理，是因为他的行事没有固定的轨迹。所以孔子曾说：'我什么都没说。'又说：'天说了什么呢？但四季照样运行，万物照样生长。'大概说的就是这个道理吧？"

渔樵论道

这段对话围绕人、圣人、天地人之间的关系，深入探讨了人的本质、圣人的特质，以及历史文化传承和天地运行的规律等内容，蕴含着深刻的哲学思考。

首先以樵夫的提问切入，探讨人比万物更具灵性的原因。渔夫指出，人凭借五官感知万物的声色气味，展现出独特的感知体验能力，这成为人与其他生物的重要区别。人通过五官与万物的交互，突破了自身的有限性，从而认识到世界的多样性，强调了人作为主体在认识世界过程中的关键作用。

接着，渔夫阐述了人与圣人的关系。人作为万物之一，而圣人则是人类中的极致存在。他们能够以个体推及整体，洞察万物，通晓天地之道；还能代天行事，代天发言。圣人之所以能达到如此境界，在于他们实现了最高物性与最高人性的融合，达到了物我合一，彰显出超越常人的认知和智慧。

渔夫引用孔子关于夏商周礼仪制度的言论，强调历史发展具有连续性和规律性。通过对历史文化传承规律的把握，可以推知未来的发展趋势。传承不仅体现在外在的形式上，更蕴含着内在的精神和理念。同时，渔夫指出，要理解天地之道，关键在于观察天地间的动静变化，这是天地间最为精妙的所在。

权与变

渔者谓樵者曰："大哉！权之与变乎？非圣人无以尽之。变然后知天地之消长，权然后知天下之轻重。消长^①，时也；轻重，事也。时有否泰^②，事有损益。圣人不知随时否泰之道，奚^③由知变之所为乎？圣人不知随时损益之道，奚由知权之所为乎？运消长者，变也；处轻重者，权也。是知权之与变，圣人之一道耳。"

注释

①消长：这里指事物的变化。消，减少；长，增长。

②否泰：好坏。否（pǐ），恶的；泰，好的，美好的。

③奚：代词，表示疑问。相当于为什么，怎么，哪里。

　　渔夫对樵夫说:"伟大呀!权衡与变化的重要性!如果不是圣人,便没人能够完全理解它们。经过变化,我们才能知晓天地间万物的盛衰消长;经过权衡,我们才能明白天下的轻重缓急。盛衰消长是时间的表现,轻重缓急是事物的表现。时间有否泰之分,事物有增益与减损之别。圣人如果不知道顺应时间的否泰变化,又怎么能理解变化的意义呢?倘若圣人不明白依据事物的损益来调整策略,又怎么能理解权衡的运用呢?运用盛衰消长规律的,就是变化;处理轻重缓急之事的,就是权衡。由此可知,权衡与变化,是圣人所遵循的一种治理天下的基本准则和方法呀。"

渔樵问道

本段阐述了权衡与变化在天地运行以及人类社会发展中的核心意义，以及圣人如何凭借权变智慧认知世界、应对变化。

开篇，渔夫直抒权衡与变化的重大意义与非凡价值。这里的"权"，可理解为权衡、抉择，是对事物价值与发展方向的精准判断；"变"指变化、适应，指向对世间万象动态更迭的灵活适应。权变，是一种因时制宜、灵活应变的智慧与策略，深具奥义。渔夫表明权变之道深邃复杂，唯有圣人凭借超凡智慧与敏锐洞察力，才能透彻领悟并灵活运用。继而，渔夫深入阐述道，变化，是洞悉天地间万物兴衰更替规律的密钥。而权衡，则是把握天下诸事轻重缓急的要诀。通过将"消长"与时间流转相联系，"轻重"与具体事务相关联，彰显权变在认知自然规律与处理人间事务中的重要性。

这段话启示我们，在面对纷繁复杂的世界时，唯有潜心领悟并践行权变之道，以灵活开放的思维、审时度势的策略应对各类挑战，才能在复杂局势中保持主动，实现个人与社会的良性发展。

生与死

樵者问渔者曰："人谓死而有知，有诸？"

曰："有之。"

曰："何以知其然？"

曰："以人知之。"

曰："何者谓之人？"

曰："目耳鼻口、心胆脾肾之气全，谓之人。心之灵曰神，胆之灵曰魄。脾之灵曰魂，肾之灵曰精。心之神发乎目，则谓之视；肾之精发乎耳，则谓之听；脾之魂发乎鼻，则谓之臭①；胆之魄发乎口，则谓之言。八者具备，然后谓之人。夫人也者，天地万物之秀气也。然而亦有不中者，各求其类也。若全得人类，则谓之曰全人之人。夫全类者，天地万物之中气也，谓之曰全德之人也。全德之人者，人之人者也。夫人之人者，仁人之谓也。唯全人，然后能当之。人之生也，谓其气行，人之死也，谓其形返。气行则神魂交，形返则精魄存。神魂行于天，精魄返于地。行于天，则谓之曰阳行；返于地，则谓之曰阴返。阳行则昼见②而夜伏者也，阴返则夜见而昼伏者也。是故，知日者月之形也，月者日之影也；阳者阴之形也，阴者阳之影也；人者鬼之形也，鬼者人之影也。人谓鬼无形而无知者，吾不信也。"

注释

①臭：同"嗅"。用鼻子辨别气味。

②见：同"现"。出现，显露。

译文

樵夫问渔夫："人们说人死后还有知觉，有这种事吗？"

渔夫答："有的。"

樵夫问："你是怎么知道的呢？"

渔夫答："通过人知晓的。"

樵夫问："什么样的存在才被称为人呢？"

渔夫答："眼睛、耳朵、鼻子、嘴巴、心脏、胆囊、脾脏、肾脏所蕴含的精气完备的存在，就被称作'人'。心所具有的灵气是神，胆所具有的灵气是魄。脾所具有的灵气是魂，肾所具有的灵气是精。心的神通过眼睛表现出来，就叫作看；肾的精通过耳朵表现出来，就叫作听；脾的魂通过鼻子表现出来，就叫作嗅；胆的魄通过嘴巴表现出来，就叫作言。以上八个要素都具备，才可称之为人。人，是天地万物中灵秀之气所凝聚的。然而也有不完整具备这些的人，他们各自按照其类别来区分。如果完全具备人类应有的特质，就称之为全人。全人汇聚天地万物的中和之气，就称之为全德之人。所谓全德之人，才是真正意义上的人。真正意义上的人，说的就是有仁德的人。只有全人，才能被称为仁人。人活着的时候，是体内的气在运行；人死后，是人的形体回归自然。气在运行的时候，神魂相交融；形体回归的时候，精魄留存。神魂在天上运行，精魄回归大地。神魂在天上运行，就叫作阳气的运行；精魄回归大地，就叫作阴气的返还。阳气运行的情况就是白天显现而夜晚隐伏，阴气返还的情况就是夜晚显现而白天隐伏。所以，我们知道太阳是月亮的形体，月亮是太阳的影子；阳是阴的形体体现，阴是阳的影子；人是鬼的形体，鬼是人的影子。有人说，鬼没有形体并且没有知觉，我不相信这种说法。"

渔樵问道

本段引领我们探索关于人的本质、生死、灵魂与知觉等诸多发人深省的哲学命题，同时阐释了"全人""全德"的理想人格境界，展现出古人对生命与宇宙的深刻思考。

对话始于樵夫对死后是否有知觉的叩问，渔夫并未直接回答，而是通过对生者的特质分析来推断人死后仍然有知觉。在渔夫看来，人并非单纯的物质，而是物质与精神的统一体。紧接着提出对"人"的定义，从肉体和灵魂两个维度展开，渔夫认为，完整的人需兼具目、耳、鼻、口及心、胆、脾、肾的完备精气，这些器官不仅是生理结构，更与精神活动紧密相连。体现了古人对人体微观世界与精神活动内在联系的深度洞察。强调了生命整体的统一性与协调性。通过对"全人之人"和"全德之人"的区别，体现了古人对完美人格的向往，对道德与精神的至臻境界的追求，反映出古人对人类精神文明发展方向的深刻思考。

渔夫关于"生死"的观点，进一步深化了对灵魂和知觉存在的可能性的哲学思考。为死后灵魂活动状态提供了独特视角，充满了辩证哲学的韵味。通过日与月、阳与阴的类比来阐述灵魂与肉体的关系，形象地揭示了灵魂与肉体相互依存、相互对立的关系。这表明灵魂并非独立于肉体之外的虚幻存在，而是与肉体共同构成生命的整体，肉体消亡后灵魂依然存续。这些观点都展现出古代哲学独特的智慧与深邃的洞察力。

君子小人

樵者问渔者曰："小人可绝乎？"

曰："不可。君子禀①阳正气而生，小人禀阴邪气而生。无阴则阳不成，无小人则君子亦不成，唯以盛衰乎其间也。阳六分则阴四分，阴六分则阳四分，阳阴相半则各五分矣。由是知君子小人之时有盛衰也。治世则君子六分。君子六分，则小人四分，小人固不胜君子矣，乱世则反是。君君，臣臣，父父，子子，兄兄，弟弟，夫夫，妇妇，谓各安其分也。君不君，臣不臣，父不父，子不子，兄不兄，弟不弟，夫不夫，妇不妇，谓各失其分也。此则由世治世乱使之然也。君子常行胜言，小人常言胜行。故世治则笃实之士多，世乱则缘饰②之士众。笃实鲜③不成事，缘饰鲜不败事。成多国兴，败多国亡。家亦由是而兴亡也。夫兴家与兴国之人，与亡国亡家之人，相去一何远哉！"

①禀：承受。

②缘饰：文饰，修饰。

③鲜：少。

译文

樵夫问渔夫："可以完全消除小人吗？"

渔夫说："不能。君子秉承阳刚之气而生，小人秉承阴邪之气而生。没有阴，阳就无法形成；没有小人，君子也就无法产生，只是二者在不同时期此消彼长罢了。如果以十分计算，当阳气占六分，阴气就占四分；当阴气占六分，那么阳气就占四分；阳气和阴气相等时，就各占五分。由此而知，君子与小人在不同时代有兴盛和衰落的变化。太平盛世时期，君子占六分，小人就占四分，小人必然无法胜过君子。在社会动荡时期，情况则相反。君像君，臣像臣，父像父，子像子，兄像兄，弟像弟、夫像夫，妇像妇，这就是各安其分。君不像君，臣不像臣，父不像父，子不像子，兄不像兄，弟不像弟，夫不像夫，妇不像妇，这就是各失其分。这都是由社会的混乱所造成的。君子常常行动胜过言语，小人常常言语胜过行动。所以在盛世时期，踏实做事的人多；在乱世时期，虚伪的人就多。踏实做事的人很少有办不成事的，巧言令色的人很少有不坏事的。成事多了国家就会兴盛，败事多了国家就会灭亡。家庭的兴衰也是同样的道理。那些能够使家庭兴旺和国家兴盛的人，与那些导致国家和家庭灭亡的人，差距是多么大呀！"

渔樵论道

本段阐述了君子与小人、治世与乱世、忠诚与虚伪等社会议题，展现出古代哲学家对社会现象的深刻洞察。

渔夫先从哲学层面阐释了君子与小人的生成。他认为阳气刚健，凝练成君子的中正品格；阴气浊滞，化现为小人的邪佞之态。阴阳相互依存，如同君子与小人在社会中相互映照，缺一不可。这种阴阳互补的思想，深刻体现了哲学中事物相互依存、对立统一的辩证关系。

渔夫将社会风气与君子小人的力量消长相联系。治世如春日暖阳，君子之道畅行，万物有序；乱世若寒冬肃杀，小人之势蔓延，纲纪崩弛。这种对治乱的剖析，反映出古代对社会变迁的思考，强调了君子小人力量对比对社会局势的关键影响。

渔夫以"成事"与"败事"为标尺，将道德选择与实践结果相联结，揭示了"忠诚是社会稳定发展的基石，虚伪则会引发社会道德的滑坡与混乱"的规律，阐明了个人的品德与行为对家庭和国家的重要意义。

才正不正

樵者问渔者曰："人所谓才者，有利焉，有害焉者，何①也？"

渔者曰："才一也，利害二也。有才之正者，有才之不正者。才之正者利乎人，而及乎身者也；才之不正者利乎身，而害乎人者也。"

曰："不正，则安得谓之才？"

曰："人所不能而能之，安得不谓之才？圣人所以惜乎才之难者，谓其能成天下之事而归之正者寡也。若不能归之以正才，则才矣难乎语其仁也。譬犹药之疗疾也，毒药亦有时而用也。可一而不可再也，疾愈则速已，不已则杀人矣。平药②则常日而用之可也，重疾非所以能治也。能驱重疾而无害人之毒者，古今人所谓良药也。《易》曰：'大君有命，开国承家，小人勿用。'如是，则小人亦有时而用之。时平治定，用之则否。《诗》云：

'它山之石，可以攻玉。'其小人之才乎！"

注释

①何：为什么，什么缘故。

②平药：平和的药剂。

译文

樵夫问渔夫："人们所说的才能，有的有利，有的有害，这是为什么呢？"

渔夫回答："才能是一，利害是二。才能本身是一样的，但利害却有不同。有正直的才能，也有不正直的才能。具备正直才能的人，既对他人有益，也能惠及自身；而拥有不正直才能的人，对自身有利，却会损害他人。"

樵夫问："如果才能不正直，怎么能称为才能呢？"

渔夫回答："人们做不到的事他却能做到，怎么不能称他为有才能呢？圣人之所以珍惜难得的才华，是因为能够成就天下大事且归于正道的人很少。如果不能将其归于正道，即便有才能，也很难说他具备仁德。就好比用药治疗疾病，有毒的药有时也会用到。但毒药只可以偶尔使用，不能多次使用，疾病一旦痊愈，就要马上停药，若不停止使用毒药就会致人死亡。普通的药可以日常服用，但治不好重病。能够医治重病而又对人没有毒害的药，是古今的人们所说的良药。《易经·师卦》中说：'君王颁布命令，建立邦国，继承封邑时，不可任用小人。'由此可知，小人有时也会被任用。但在天下太平、治理安定的时候，就不应任用他们。《诗经·鹤鸣》有说：'别的山上的石头，可以用来雕琢玉器。'这大概就是指小人的才能吧。"

渔樵论道

本段主要谈论才能的两面性以及如何使用才能等问题。

樵夫提出了关于才能及其利害关系的疑问。渔夫认为才能本质是中性的，但其结果却有利害之分，关键在于掌控它的人。这就如同水，既能滋养万物，也能泛滥成灾。

渔夫认为能做到旁人难以企及的事，这个人就具备才能。若能将才能用于正道、成就大业者，才是真正值得珍视的人才。若才能偏离正道，即便能力卓绝，也不能说他是个仁德的人才。

渔夫以药物为喻，进一步阐释"才"的正与不正。指出毒药有时可以用于治病，但使用不当会让人丧命。普通的药又无法治愈重病。只有既能祛病又无害的药，才是真正的济世良药，就如同那些秉持正道、心怀大爱的人才，他们能够治愈社会的"顽疾"。但若是才能缺乏正确导向，极易沦为伤人的利器。

文段的末尾，引用了《易经》和《诗经》中的经典语句，将话题升华到人才使用的时机与原则这一高度。提醒我们在评价他人时，切不可以偏概全，要给予不同人才发挥价值的空间，方能实现人尽其才、才尽其用。

择与用

樵者谓渔者曰："国家之兴亡，与夫才之邪正，则固得闻命①矣。然则何不择其人而用之？"

渔者曰："择臣者，君也；择君者，臣也。贤愚各从其类而为，奈何②有尧、舜之君，必有尧、舜之臣。有桀、纣之君，必有桀、纣之臣。尧、舜之臣生乎桀、纣之世，犹桀、纣之臣生于尧、舜之世，必非其所用也。虽欲为祸为福，其能行乎？夫上之所好，下必好之。其若影响③，岂待驱率④而然耶？上好义，则下必好义，而不义者远矣；上好利，下必好利，而不利者远矣。好利者众，则天下日削矣；好义者众，则天下日盛矣。日盛则昌，日削则亡。盛之与削，昌之与亡，岂其远乎？在上之所好耳。夫治世何尝无小人，乱世何尝无君子，不用则善恶何由而行也。"

①闻命：接受教导。

②奈何：怎么，为何。

③影响：影子和回声。多用以形容感应迅捷。

④驱率：驱使率领。

译 文

樵夫对渔夫问："国家的兴盛衰亡与才华的邪正，我已经听您讲述过了。既然这样，那为什么不选择合适的人来任用呢？"

渔夫答："选择臣子的，是君主；选择君主的，是臣子。贤能的人和愚笨的人各自跟随与自己同类的人做事。有了尧、舜那样的君主，必然会有尧、舜那样的臣子；有了夏桀、商纣那样的君主，必然会有夏桀、商纣那样的臣子。假如像尧、舜那样的臣子，出生在夏桀、商纣的时代，就如同夏桀、商纣那样的臣子，出生在尧、舜的时代，一定不会为君主所重用。即使想要为国家造福或为祸，又怎么可能实现呢？君主所喜好的，臣子必然也喜好。这种情况就如同影子跟随形体、回声回应声音一样，哪里需要驱赶督促才会这样呢？君主崇尚正义，臣子就一定会崇尚正义，那些不道义的人就会远离；如果君主喜好利益，臣子就一定会喜好利益，那些不追逐利益的人就会远离。喜好利益的人多了，天下就会日渐削弱；喜欢道义的人多了，那么天下就会日益兴盛。日益兴盛就会昌盛，日渐削弱就会灭亡。天下的兴盛与削弱、昌盛与灭亡，难道相差很远吗？关键就在于君主的喜好罢了。太平盛世难道会没有小人吗？乱世之中难道会没有君子吗？如果不任用他们，那么善恶又怎么会得以表现出来呢？"

渔樵论道

这段主要讨论了人才的择用，君主的影响力以及国家兴衰等话题，蕴含古代治理智慧，颇具启示意义。

渔夫认为人才的选拔是君臣互选的结果。君主的德行修养构成人才汇聚的"磁场"，而臣子的才德也会影响君王施政。强调君主"修己以安人"的示范作用，亦肯定臣子"良禽择木"的能动性。

渔夫进一步阐述了君主的喜好对于国家风气的影响。君王会起到示范作用，人们会自觉模仿君王，君王的喜好会像影子和回声一样，影响大臣和国家。当君主崇尚正义，臣子百姓亦追随；如果君主贪图私利，不良风气便会蔓延。良好道德风尚的形成，并非仅靠强制手段，更依赖君主以身作则，引导民众自觉效仿。

最后，人才的选拔依赖于制度。即便太平盛世也有小人、动荡乱世也有君子，关键在于"选贤任能"的选拔机制。合理选拔使用人才，会推动国家发展；反之则会让国家陷入困境。

这启示我们：在选拔人才时，要全面考量人才的品德与能力。领导者应以身作则，践行积极价值观，引领良好社会风尚，促进社会和谐进步，实现社会繁荣发展。

善与恶

樵者曰："善人常寡，而不善人常众。治世常少，乱世常多。何以知其然耶？"

曰："观之于物，何物不然？譬诸五谷①，耘②之而不苗者有矣。蓬③莠④不耘而犹生，耘之而求其尽也，亦未如之何矣！由是知君子小人之道，有自来矣。君子见善则喜之，见不善则远之；小人见善则疾之，见不善则喜之。善恶各从其类也。君子见善则就之，见不善则违之；小人见善则违之，见不善则就之；君子见义则迁，见利则止；小人见义则止，见利则迁。迁义则利人，迁利则害人。利人与害人，相去一何远耶？家与国一也，其兴也，君子常多而小人常鲜。其亡也，小人常多而君子常鲜。君子多而去之者，小人也；小人多而去之者，君子也。君子好生，小人好杀。好生则世治，好杀则世乱。君子好义，小人好利。治世则好义，乱世则好利。其理一也。"

钓者谈已，樵者曰："吾闻古有伏羲⑤，今日如睹其面焉。"拜而谢之，及旦而去。

注释

①五谷：指粮食，即稻、黍、稷、麦、豆。

②耘：培土。

③蓬：多年生草本植物，花白色，中心黄色，叶似柳叶，子实有毛。

④莠：一年生草本植物，穗有毛，很像谷子，亦称"狗尾草"。

⑤伏羲：字太昊，三皇之一。相传是人首蛇身。与女娲兄妹成婚，生儿育女。曾根据天地万物的变化，创立八卦。又称宓羲、炮犠、庖犠、包犠、羲皇、虑羲、皇羲及太昊等。

译文

樵夫问："善良的人常常很少，而不善良的人常常很多。太平盛世常常很少，而乱世常常很多。怎么知道其

107

中的原因呢？"

渔夫答："观察世间万物，哪种事物不是这样呢？就像五谷一样，耕种之后不出苗的情况是有的。杂草不用耕种也会生长，想要把它们除掉并让它们完全消失，却也对它们无可奈何呀！由此可知君子与小人的处世之道，自古就有。君子看见善良的人和事就欢喜，看见不善良的人和事就远离；小人看见善良的人和事就会憎恶，见到不善良的人和事就欢喜。善恶各自按照类别聚在一起。君子看见善良的行为就会亲近，看见不善良的行为就避开；小人看见善良的行为就避开，看见不善良的行为却会亲近。君子看见正义的行为就去实践，看见利益就止步；小人看见正义的行为就会止步，看见利益就去追逐。追求正义就能利于他人，趋向利益就会伤害他人。利于他人和伤害他人，相差是多么远哪？家庭与国家也是一样的道理，在兴旺的时候，君子常常很多，而小人常常很少。在衰败的时候，小人常常很多，而君子常常很少。当君子居多时，不愿意与君子接近而离开的，是小人；当小人居多时，不愿意与小人同流而离开的，是君子。君子爱惜生命，小人爱好杀戮。爱惜生命则世道太平、社会稳定，爱好杀戮则世道混乱、社会动荡。君子崇尚正义，小人贪图利益。太平盛世人们崇尚正义，混乱世道人们贪图利益。其中的道理是一样的。"

渔夫谈完后，樵夫说："我听说古代有伏羲这样的圣人，今日听了您的话，就如同见到了他本人一样。"于是樵夫行拜礼向渔夫致谢，等到天亮就离开了。

渔樵论道

这段由樵夫与渔夫的对话展开的论述，深入探讨了君子与小人、善与恶、治世与乱世的关系，蕴含着深刻的哲理与社会治理智慧。

"善人常寡，而不善人常众"，揭示了善与恶在人性中的不平衡。以五谷与杂草为喻，表明君子与小人的存在如自然生态一般普遍，善恶共存是无法避免的常态。

在行为准则上，君子与小人差异显著。君子亲近善、远离恶，秉持正义、心怀利他；小人则相反，热衷不善之事，自私自利。这种鲜明的对比，凸显了道德观念与行为准则对个人和社会的重要性。

于社会层面，治世与乱世的交替循环，是因为君子与小人此消彼长。当君子主导时，社会和平繁荣；小人得势时，社会动荡混乱。这种循环清晰展现了道德与领导力在社会演变中的关键作用。对话末尾，樵夫将渔夫比作伏羲，是对渔夫深刻见解的极高赞誉。

我们在生活中要明辨善恶是非，以君子的道德标准要求自己，追求正义与善良。如此，个人方能不断提升，社会也将更趋和谐进步，实现良性发展。

邵尧夫先生墓志铭

宋·程颢

熙宁丁巳孟秋癸丑，尧夫先生疾终于家。洛之人吊哭者相属于途。其尤亲且旧者，又聚谋其所以葬。先生之子泣以告曰："昔先人有言，志于墓者必以属吾伯淳。"噫，先生知我者，以是命我，何敢辞！

谨按：邵本姬姓，系出召公，故世为燕人。大王父令进以军职逮事艺祖，始家衡漳。祖德新、父古皆隐德不仕，母李氏，其继杨氏。先生之幼，从父徙共城，晚迁河南，葬其亲于伊川，遂为河南人。先生生于祥符辛亥，至是盖六十七年矣。雍，先生之名，而尧夫，其字也。娶王氏，伯温、仲良，其二子也。先生之官，初举遗逸，试将作监主簿，后又以为颍州团练推官，辞疾不赴。

先生始学于百原，勤苦刻厉，冬不炉，夏不扇，夜不就席者数年，卫人贤之。先生叹曰："昔人尚友于古，而吾未尝及四方，遽可已乎！"于是走吴适楚，过齐、鲁，客梁、晋，久之而归曰："道其在是矣。"盖始有定居之意。

先生少时，自雄其材，慷慨有大志。既学，力慕高远，谓先王之事为可必致。及其学益老，德益劭，玩心高明，观于天地之运化，阴阳之消长，以达乎万物之变，然后颓然其顺，浩然其归。

在洛几三十年，始至，蓬荜环堵，不蔽风雨，躬爨以养其父母，居之裕如。讲学于家，未常强以语人，而就问者日众。乡里化之，远近尊之，士人道洛者，有不之公府而必至先生之庐。先生之德器粹然，望之可知其贤。然不事表暴，不设防畛。正而不谅，通而不污，清明坦夷，洞彻中外。接人无贵贱亲疏之间。群居燕饮，笑语终日，不取甚异于人，顾吾所乐何如耳？病畏寒暑，常以春秋时行游城中，士大夫家听其车音，倒屣迎致，虽儿童奴隶，皆知欢喜尊奉。其于人言，必依孝弟。乐道人之善，而未尝及其恶。故贤者悦其德，不贤者服其化。所以厚风俗，成人材，先生之功多矣。

昔七十子学于仲尼，其传可见者，为曾子所以告子思，而子思所以授孟子者耳，其余门人各以其材之所宜者为学。虽同尊圣人，所因而入者，门户则众矣。况后此千余岁，师道不立，学者莫知其所从来。独先生之学为有传也。先生得之于李挺之，挺之得于穆伯长。推其源流，远有端绪，今穆、李之言及其行事概可见矣。而先生淳一不杂，汪洋浩大，乃其所自得者多矣。然而名其学者，岂所谓门户之众，各有所因而入者欤？语其成德者，昔难其居。若先生之道，就所至而论之，可谓安且成矣。

先生有书六十卷，命曰《皇极经世》，古律诗二千篇，题曰《击壤集》。先生之葬，附于先茔。实其终之年，孟冬丁酉也。

铭曰：呜呼先生，志豪力雄。阔步长趋，凌高厉空。探幽索隐，曲畅旁通。在古或难，先生从容。有《问》有《观》，以饫以丰。天不慭遗，哲人之凶。鸣皋在南，伊流在东。有宁一官，先生所终。（《明道集》卷四）

康节先生行状略

宋·张岷

先生治《易》《书》《诗》《春秋》之学，穷意、言、象、数之蕴，明皇、帝、王、霸之道，著书十余万言。研精极思三十年，观天地之消长，推日月之盈缩，考阴阳之度数，察刚柔之形体，故经之以元，纪之以会，参之以运，终之以世。又断自唐虞，迄于五代，本诸天道，质之人事。兴废治乱，靡所不载。其辞约，其义广，其书著，其旨隐。呜呼！美矣！至矣！天下之能事毕矣！

先生少事北海李之才挺之，挺之闻道于汶阳穆修伯长，伯长以上虽有其传，未之详也。先生既受其学，则又游于河汾之曲，以至淮海之滨，涉于济、汶，达于梁、宋。苟有达者必访以道，无常师焉。乃退居共城，庐于百原之上。大覃思于《易经》，夜不设寝，日不再食，三年而学以大成。大名王豫天悦，博达之士，尤长于《易》，闻先生之笃志，爱而欲教之。既舆之语三日，得所未闻，始大惊服，卒舍其学而学焉，北面而尊师之。卫人乃知先生之为有道也。

年三十余，来游于洛，以为洛邑天下之中，可以观四方之士，乃定居焉。先生清而不激，和而不流。遇人无贵贱、贤不肖，一接以诚。长者事之，少者友之，善者与之，不善者矜之。故洛人久而益尊信之。四方之学者，与士大夫之过洛者，莫不慕其风而造其庐。

先生之教人，必随其才分之高下，不骤语而强益之。或闻其言，若不适其意，先生亦不屑也。故来者多而从者少，见之者众而知之者尚寡。及接之久，察其所处无不中于理；叩其所有愈久而愈新，则皆心悦而诚服。先生未尝有求于人，或馈之以礼者，亦不苟辞。洛人为买宅，丞相富公为买园以居之。

仁宗嘉祐中，诏举遗逸，留守王公拱辰以先生应诏，授将作监主簿。今上熙宁之初，复求逸士，御史中丞吕公诲、龙图阁直学士祖公无择与今丞相吴公允又以先生为言，补颍州团练推官，皆三辞不获，而后从命，然卒称疾不之官。

先生六十始为隐者之服，曰："病且老矣，不复能从事矣。"隆寒盛暑，闭门不出，曰："非退者所宜也。"其于书无所不读，诸子百家之学，皆究其本原，而释老技术之说，一无所惑其志。晚尤喜为诗，平易而造于理，有《击壤集》二十卷，自为之序。

熙宁十年春得疾，逾百日，气益耗而神益明矣。七月癸丑，启手足于天津之南道德坊之第。

初，先生葬其父于伊阙神阴原，今从其兆。父以明经教授乡里，及先生之长，退老于家。先生虽贫，养之终身致其乐。弟睦事先生甚谨，饮食起居，必身临之，惟恐不得其意。盖如先生之事其父母也，不幸早亡。《伊洛渊源录》卷五）

邵雍传

元·脱脱等

邵雍，字尧夫。其先范阳人，父古徙衡漳，又徙共城。雍年三十，游河南，葬其亲伊水上，遂为河南人。

雍少时，自雄其才，慷慨欲树功名。于书无所不读，始为学，即坚苦刻厉，寒不炉，暑不扇，夜不就席者数年。已而叹曰："昔人尚友于古，而吾独未及四方。"于是逾河、汾，涉淮、汉，周流齐、鲁、宋、郑之墟，久之，幡然来归，曰："道在是矣。"遂不复出。

北海李之才摄共城令，闻雍好学，尝造其庐，谓曰："子亦闻物理、性命之学乎？"雍对曰："幸受教。"乃事之才，受《河图》《洛书》《宓义》八卦六十四卦图像。之才之传，远有端绪，而雍探赜索隐，妙悟神契，洞彻蕴奥，汪洋浩博，多其所自得者。及其学益老，德益邵，玩心高明，以观夫天地之运化，阴阳之消长，远而古今世变，微而走飞草木之性情，深造曲畅，庶几所谓不惑，而非依仿象类、亿则屡中者。遂衍宓羲先天之旨，著书十余万言行于世，然世之知其道者鲜矣。

初至洛，蓬荜环堵，不芘风雨，躬樵爨以事父母，虽平居屡空，而怡然有所甚乐，人莫能窥也。及执亲丧，哀毁尽礼。富弼、司马光、吕公著诸贤退居洛中，雅敬雍，恒相从游，为市园宅。雍岁时耕稼，仅给衣食。名其居曰"安乐窝"，因自号安乐先生。旦则焚香燕坐，晡时酌酒三四瓯，微醺即止，常不及醉也，兴至辄哦诗自咏。春秋时出游城中，风雨常不出，出则乘小车，一人挽之，惟意所适。士大夫家识其车音，争相迎候，童孺厮隶皆欢相谓曰："吾家先生至也。"不复称其姓字。或留信宿乃去。好事者别作屋如雍所居，以候其至，名曰"行窝"。

司马光兄事雍，而二人纯德尤乡里所慕向，父子昆弟每相饬曰："毋为不善，恐司马端明、邵先生知。"士之道洛者，有不之公府，必之雍。

雍德气粹然，望之知其贤，然不事表襮，不设防畛，群居燕笑终日，不为甚异。与人言，乐道其善而隐其恶。有就问学则答之，未尝强以语人。人无贵贱少长，一接以诚，故贤者悦其德，不贤者服其化。一时洛中人才特盛，而忠厚之风闻天下。

熙宁行新法，吏牵迫不可为，或投劾去。雍门生故友居州县者，皆贻书访雍，雍曰："此贤者所当尽力之时，新法固严，能宽一分，则民受一分赐矣。投劾何益耶？"

嘉祐诏求遗逸，留守王拱辰以雍应诏，授将作监主簿，复举逸士，补颍州团练推官，皆固辞乃受命，竟称疾不之官。熙宁十年，卒，年六十七，赠秘书省著作郎。元祐中赐谥康节。

雍高明英迈，迥出千古，而坦夷浑厚，不见圭角，是以清而不激，和而不流，人与交久，益尊信之。河南程颢初侍其父识雍，论议终日，退而叹曰："尧夫，内圣外王之学也。"

雍知虑绝人，遇事能前知。程颐尝曰："其心虚明，自能知之。"当时学者因雍超诣之识，务高雍所为，至谓雍有玩世之意；又因雍之前知，谓雍于凡物声气之所感触，辄以其动而推其变焉。于是摭世事之已然者，皆以雍言先之，雍盖未必然也。

雍疾病，司马光、张载、程颢、程颐晨夕候之，将终，共议丧葬事外庭，雍皆能闻众人所言，召子伯温谓曰："诸君欲葬我近城地，当从先茔尔。"既葬，颢为铭墓，称雍之道纯一不杂，就其所至，可谓安且成矣。

所著书曰《皇极经世》《观物内外篇》《渔樵问对》，诗曰《伊川击壤集》。

子伯温，别有传。(《宋史》卷四百二十七)

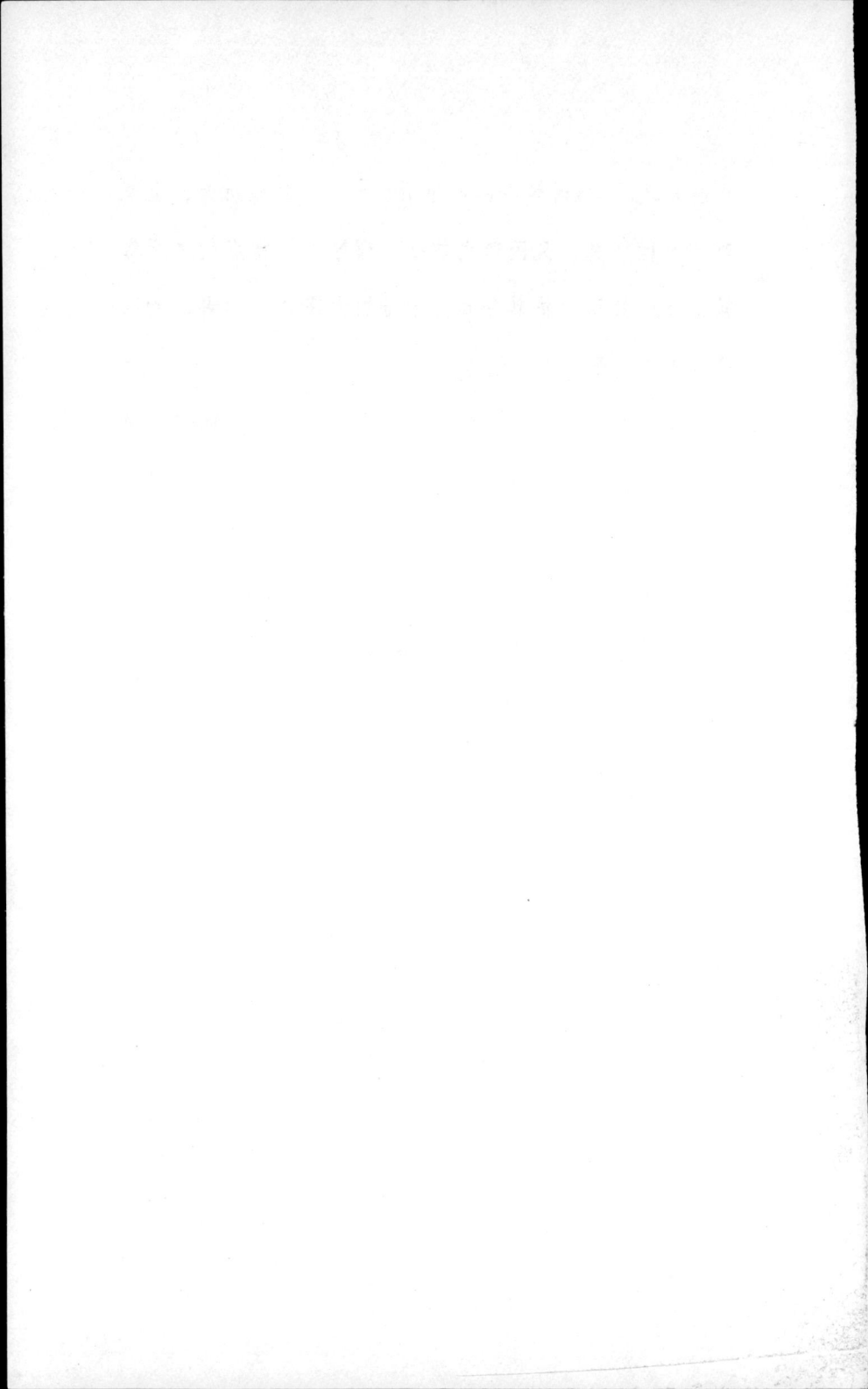